GW01605027

DIE KUNST DES AUGENBLICKS

FILIP HAAG

DIE KUNST DES AUGEN-BLICKS

BEGEGNUNGEN IM MUSEUM

DUMONT

VORWORT

Als Künstler bin ich immer wieder und gerne in Museen unterwegs, um meine Wahrnehmung zu schärfen. Doch mich interessieren nicht nur die Ausstellungsstücke als solche. Mit schnellem Auge und offener Linse halte ich mich bereit für Momente, in denen Werke und ihre Betrachter wie füreinander geschaffen scheinen, in denen Kunst und Leben in Symbiose geraten. Solche Konstellationen erahnen, flüchtige Situationen erkennen (so, wie sich aus zufälligem Glockengebimmel unerwartet eine Melodie ergeben kann) und in der richtigen Sekunde auf den Auslöser drücken: Das ist die Kunst des Augenblicks.

Ich suche im Museum nicht nur die große Idee, etwa von Leonardos *Mona Lisa* verkörpert oder von Picassos Deformationen. Im Meisterwerk will ich nicht nur die Ehrfurcht und das Pathos seiner großen Bedeutung erkennen, sondern auch ein anhaltendes, lebendiges Wirken – das, was es im Leben verankert. Meine Fotografien dokumentieren, wie der Mensch dem Kunstwerk nahekommt und wie dabei wortlose Zwiesprache entsteht. Kunst(geschichte) und Gegenwart können sichtbar verschmelzen, Bilder und Skulpturen geben sich plötzlich neu und anders zu erkennen.

Mein erster Versuch entstand 2016 und zeigte eine Besucherin im MoMA vor einem Bild von Mark Rothko. Die Farben ihres Kleides und die des Gemäldes waren identisch. Das Thema der Analogien packte mich auf der Stelle, so unausgereift es noch war. Ich entwickelte es weiter und erkundete, inwiefern auch durch Gesten und Bewegungen der Betrachter – ihr »Posieren« ohne Absicht – Verbindungen zur Kunst entstehen können. In besonderen Fällen kommt es sogar zu einer vermeintlichen Interaktion zwischen Werk und Betrachter, wie bei dem Zeichenschüler, der mit seiner Mappe vor dem Bildnis einer Malerin steht, während sie ihn an ihrer Staffelei zu porträtieren scheint (S. 11). Die Fotografierten dürfen dabei niemals merken, dass sie selbst zum Inhalt werden, zu einem Teil der Kunst. Es handelt sich immer und ausschließlich um Schnappschüsse und es gibt keinerlei Inszenierung.

Ein Volltreffer meldet sich jedoch nicht an, er schlägt einfach ein, im Bruchteil einer Sekunde und aus beliebiger Richtung. Die Begegnungen von Dauer und Moment, von Vergangenheit und Gegenwart haben ihre Zeit. Sie tauchen auf und wieder ab – und es ärgert mich, wenn ich sie unverrichteter Dinge wieder verschwinden sehe, bevor ich sie festhalten konnte. Weil zwar das Motiv gut war, nicht aber der Blickwinkel oder der Standort des Fotografierten. Weil der Autofokus verschlief oder die Geistesgegenwart oder der Finger auf dem Knopf. Kurz: weil die Bildidee besser war als das Resultat.

Das sind dann verpasste Augenblicke, von denen gibt es viele. Bilder, die zwar im Kopf, nicht aber in der Kamera ankamen. Situationen, die ich lieber fotografiert hätte, statt sie nun als versäumt zu umschreiben. Zum Beispiel einen Lachanfall vor einem Gemälde Ad Reinhardts (das nichts weiter zeigt als Nuancen von Schwarz). Das Aufblitzen vergoldeter Zähne eines gähnenden Besuchers vor dem Goldenen Tempel in Kioto. Oder ein schwitzender Mann mit offenem Hemd vor Claes Oldenburgs mannshoher Pop-Art-Eiswaffel.

Ob ich sie festzuhalten vermag oder nicht: Diese unverhofften Momente voller Magie packen mich weiterhin und halten mich am Laufen.

Henri Fantin-Latour, *Astern und Obst auf einem Tisch,* 1868, Auguste Renoir, *Blumenstrauß aus Chrysanthemen,* 1881, The Metropolitan Museum of Art (The Met), New York

 Adélaïde Labille-Guiard, *Selbstporträt mit zwei Schülerinnen,* 1785, The Met, New York

Peter Candid, *Die Verkündigung,* um 1585, The Met, New York

14 | Josef Neugebauer, *Porträt des späteren Fürsten Franz I. von Liechtenstein im Alter von acht Jahren*, 1861, Kunstmuseum Bern

Rembrandt, *Selbstporträt,* 1660, The Met, New York

Cosimo Rosselli, *Madonna mit Kind und Engeln,* 1480–1482,
Filippino Lippi, *Madonna mit Kind,* 1483–1484,
Fra Bartolomeo, *Madonna mit Kind und Johannes dem Täufer,* um 1497, The Met, New York

CRUZ

 | Henri Rousseau, *Die Muse und der Dichter,* 1909, Kunstmuseum Basel

Rachel Ruysch, *Blumen in einer Vase,* um 1700, Kunstmuseum Bern

Griechisch, Terrakotta-Gefäße, um 540 v. Chr., The Met, New York

 | Miriam Cahn, *Flüchtling*, 2002, Kunstmuseum Bern

Rei Kawakubo, *MONSTER,* 2014–2015, The Met, New York

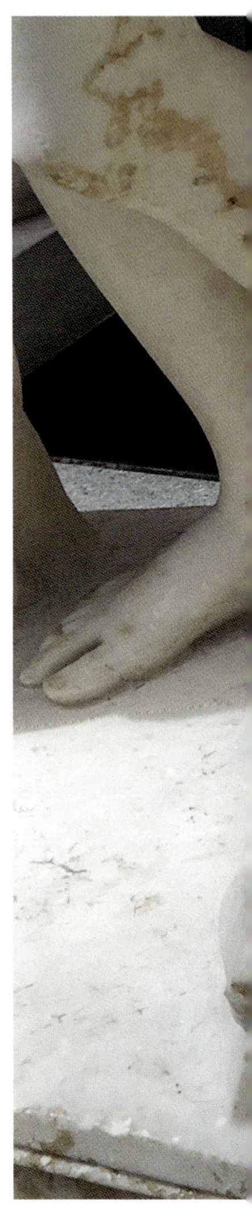

24 | Römisch, *Die drei Grazien,* 2. Jahrhundert n. Chr., The Met, New York

26 | Jean-Baptiste Carpeaux, *Ugolino und seine Söhne,* 1865–1867, The Met, New York

Jean-Joseph Perraud, *Die Verzweiflung,*
1869, Musée d'Orsay, Paris

Giovanni Battista Moroni, *Bartolomeo Bonghi,* um 1553, The Met, New York

32 | Jacques-Louis David, *General Étienne-Maurice Gérard,* 1816, The Met, New York

34 | Gerard David, *Die Verkündigung,* 1506, The Met, New York

DO
PE

Yeesookyung, *Painting for Out of Body Travel,* 2008, Kunstmuseum Bern

 | Alberto Giacometti, *Der Schreitende II* (Detail), 1960, Fondation Beyeler, Riehen/Basel

 | Alberto Giacometti, *Große Frau III*, 1960, Fondation Beyeler, Riehen/Basel

Alberto Giacometti, *Mann, einen Platz überquerend,* 1949, Kunsthaus Zürich

AND SHELBY WHITE

Römisch, *Herkules,* 1. Jahrhundert v. Chr., The Met, New York

Sebastian Stoskopff, *Vanitas-Stillleben,* 1631,
Kunstmuseum Basel

48 | Unbekannt, Māori-Statue *(Poutokomanawa),* 1860–1870, Tambaran Gallery, New York

MAORI MALE HOUSE POST FIGURE POUTOKOMANAWA

Niki de Saint Phalle, *Nana Power,* 1970, Gemäldeausstellung Trubschachen

Unbekannt, *Apollos Sieg über Python,* 1685–1715, Musée du Louvre, Paris

Schule von Fontainebleau, *Gabrielle d'Estrées mit ihrer Schwester*, 1590,
 | Galleria degli Uffizi, Florenz

56 | Guido Reni, *Lesender Johannes Evangelista,* um 1640, Kunstmuseum Bern

Cristofano Allori, *Judith mit dem Haupt des Holofernes,* 1613, Kunstmuseum Bern

 Kyungah Ham, *Nagasaki Mushroom Cloud,* 2008, Kunstmuseum Bern

MAMMUT

 | Xerxes Ach, *Cosmic Light,* 2017, Galerie Bernhard Bischoff, Bern

Hans Arp, *Konfiguration*, 1932,
Konstellation nach den Gesetzen des Zufalls geordnet, 1929,
Fondation Beyeler, Riehen/Basel

Shoplifter/Hrafnhildur Arnardóttir, *Nervescape VIII,* 2019, Museum of Contemporary Art Kiasma, Helsinki

Sea Hyun Lee, *Between Red-33,* 2007, Kunstmuseum Bern

Yeesookyung, *Whisper Only to You,* 2019, Kunstmuseum Bern

Robert Longo, *Untitled (Bullet Hole, Earth Day, 2017, UA in Huntsville)*, 2018, Galerie Thaddaeus Ropac, Salzburg

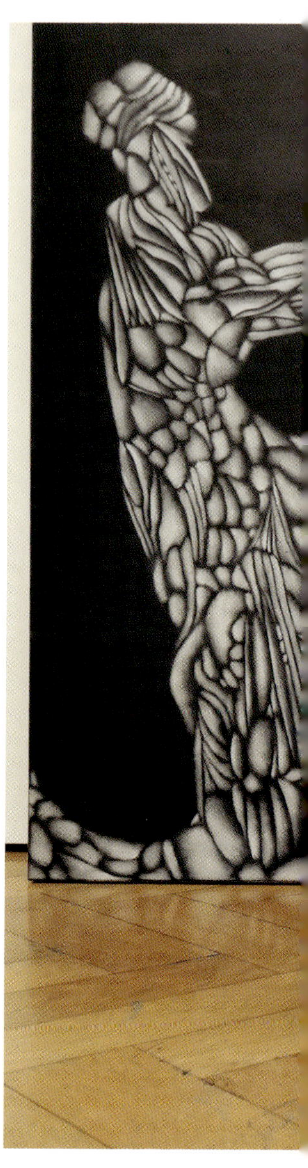

 | Filip Haag, *Aklatam,* 2021, Galerie Bernhard Bischoff, Bern

 | Hans Bock d. Ä., *Bildnis des dreijährigen Felix Platter II.*, 1608, Kunstmuseum Basel

Alberto Giacometti, *Frau auf dem Wagen,* um 1945, Kunsthaus Zürich

82 | Johann Heinrich Füssli, *Milton diktiert seiner Tochter,* 1794, Kunstmuseum Basel

Edward Hopper, *The Lee Shore,* 1941,
Fondation Beyeler, Riehen/Basel

 | Maurice Denis, *Der heilige Georg und der Drache,* 1910, Musée cantonal des Beaux-Arts, Lausanne

North Korea Collective, *The Sea,* 2008, Kunstmuseum Bern

Rei Kawakubo, *Lost Empire*, 2006, *Transformed Glamour*, 1999–2000, *Inside Decoration*, 2010–2011, The Met, New York

7.1.5

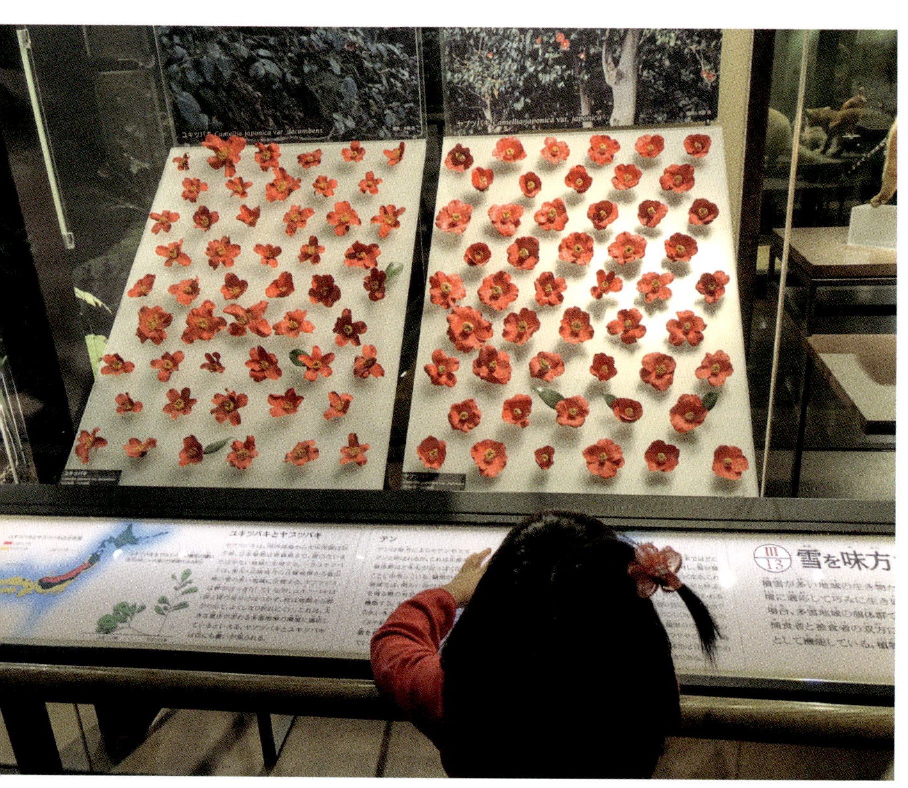

92 | Schautafeln, National Museum of Nature and Science, Tokio

上げ、続縄文人を経てアイヌへと移行した。沖縄の人々も、本土と
は異なる独自の琉球文化を発展させた。琉球人は、アイヌと顔立
ちなどに共通点はあるが、最近の頭骨や遺伝子の研究から、アイ
ヌよりも大陸からの渡来人との混血が進んでいたのではないか
と考えられている。
ONEPIECE

 | Sebastião Salgado, *Sumatra Island, Indonesia,* 2008, Museum für Gestaltung, Zürich

HAWAII

Gillie and Marc, *Paparazzi Dogs*, 2016,
Brooklyn Bridge Park, New York

IS AT YOUR

 | Carl Milles, *Diana,* 1928, Musée cantonal des Beaux-Arts, Lausanne

Hans Arp, *Torso-Garbe,* 1958, Fondation Beyeler, Riehen/Basel

Giuseppe Romagnoli,
Welttelegrafen-Denkmal, 1922

 | Helvetiaplatz, Bern

Frauen ins Bundeshaus!
Des femmes au Palais fédéral!
Donne nel Palazzo federale!
MUSÉE D'HISTOIRE
DE BERNE
MUSÉE EINSTEIN
BISTROT STEINHALLE

Veronese, *Die Hochzeit zu Kana*, 1563,
Musée du Louvre, Paris

 | Stanley Brouwn, *884 mm,* 1973, Kunstmuseum Chur

Ich danke allen
Künstlern für ihre Werke
und allen Betrachtern
für ihre Hingabe.

FILIP HAAG, geboren 1961 in Bern, studierte Kunst- und Literaturgeschichte in Zürich und Berlin und ist seit 1986 freischaffender Künstler. Seine Arbeiten wurden in der Schweiz und in New York ausgestellt und mehrfach ausgezeichnet. Während eines New-York-Stipendiums initiierte er 2016 das vorliegende Projekt, für das er seither in vielen bedeutenden Museen weltweit fotografiert und stets auf neue besondere Begegnungen hofft.
www.filiphaag.ch

BILDNACHWEIS **22** © Miriam Cahn | **23** © Rei Kawakubo/Comme des Garçons | **36/37** Courtesy Sigg Collection | **38–41** © Succession Alberto Giacometti / 2021, ProLitteris, Zürich | **40** © Barnett Newman Foundation / VG Bild-Kunst, Bonn 2021 | **46** © Bharti Kher | **50, 51** Niki Charitable Art Foundation / VG Bild-Kunst, Bonn 2021 | **61** Courtesy Sigg Collection | **62/63** © Xerxes Ach | **64/65** © VG Bild-Kunst, Bonn 2021 | **66** © Shoplifter / Hrafnhildur Arnardóttir | **68/69** Courtesy Sigg Collection | **71** © Rei Kawakubo/Comme des Garçons | **72/73** Courtesy Sigg Collection | **74/75** © VG Bild-Kunst, Bonn 2021 | **76/77** © VG Bild-Kunst, Bonn 2021 | **80/81** © Succession Alberto Giacometti / 2021, ProLitteris, Zürich | **84/85** Heirs of Josephine N. Hopper / VAGA at ARS, NY / VG Bild-Kunst, Bonn 2021 | **87** Courtesy Sigg Collection | **88** Heirs of Josephine N. Hopper / VAGA at ARS, NY / VG Bild-Kunst, Bonn 2021 | **90/91** © Rei Kawakubo/Comme des Garçons | **94/95** © Sebastião Salgado | **96/97** © Gillie and Marc | **99** © VG Bild-Kunst, Bonn 2021 | **100** © VG Bild-Kunst, Bonn 2021 | **110** Paul Cézanne, Zeichnungen, Kunstmuseum Basel | **Umschlagvorderseite** Giovani Paolo Pannini, *Das Innere des Pantheon in Rom,* 1735, Kunstmuseum Bern

Erste Auflage 2021
© 2021 DuMont Buchverlag, Köln
Alle Rechte vorbehalten

Text und Fotos: © 2021 Filip Haag

Verlagskoordination: Vera Maas
Umschlaggestaltung und Layout: Birgit Haermeyer
Reproduktion: PPP Pre Print Partner, Köln
Druck und Verarbeitung: Belvédère, Oosterbeek

Printed in Slovakia
ISBN 978-3-8321-6904-6
www.dumont-buchverlag.de

Mit freundlicher Unterstützung von